Maike Lauther-Pohl wurde 1968 in Schleswig geboren, studierte nach dem Abitur Theologie in Kiel, Münster und Tübingen. Nach Examen und Vikariat war sie zunächst Jugendpastorin, später Pastorin für Religionspädagogik im Kirchenkreis Rendsburg-Eckernförde. Seit 2009 ist Maike Lauther-Pohl Theologische Referentin für Religionspädagogik beim Verband Evangelischer Kindertageseinrichtungen in Schleswig-Holstein e.V. (VEK). Sie ist verheiratet und hat zwei Kinder.

Miriam Cordes, 1970 in Hamburg geboren, hat am Institut für Graphik und Design und an der Fachhochschule für Gestaltung in Hamburg Werbegrafik und Kinderbuchillustration studiert. Miriam Cordes illustriert am liebsten für Kinder und hat schon viele Bücher veröffentlicht.

© Ellermann Verlag GmbH, Hamburg 2012
Alle Rechte vorbehalten
Einband und farbige Illustrationen von Miriam Cordes
Reproduktion: igoma GmbH, Hamburg
Druck und Bindung: Offizin Andersen Nexö, Leipzig
Printed 2012
ISBN 978-3-7707-3160-2

www.ellermann.de

Maike Lauther-Pohl

Isst der liebe Gott auch gerne Schokolade?

44 Kinderfragen zu Gott und der Welt

Bilder von Miriam Cordes

ellermann

 # Inhalt

Vorwort

Kinder stellen Fragen, die Erwachsene verblüffen, erfreuen, verunsichern, sprachlos machen, an ihre eigenen Fragen erinnern, in Gespräche verwickeln und auf neue Gedanken bringen. Gut haben es Kinder, die Erwachsene an ihrer Seite haben, die sich auf diese Fragen einlassen und die Kinder ernst nehmen. Dabei möchte dieses Buch begleiten.

Es richtet sich an Kinder, die Fragen über Gott und die Welt stellen. Die Fragen in diesem Buch wurden in evangelischen Kindertagesstätten von Kindern gestellt und dort gesammelt.

Und es richtet sich an Erwachsene – Eltern, Paten, Großeltern, Erzieherinnen und Grundschullehrer –, die Kinder auf ihrer Suche nach Antworten auf Lebens- und Glaubensfragen begleiten. Es regt an, sich auf die Denkweise der Kinder einzulassen und dabei sich selbst als Erwachsene treu zu bleiben. Es motiviert Erwachsene, unkompliziert und auf Augenhöhe auf bedeutungsvolle Fragen der Kinder zu reagieren.

Das Buch gibt keine abschließenden Antworten, sondern bietet Antwortangebote aus christlicher Perspektive an. Es erklärt theologische Sachverhalte verständlich, erläutert die Bedeutung von christlichen Traditionen, nimmt Sinnfragen von Kindern auf und bietet religionspädagogische Anregungen zum Verstehen. Es versucht, die Lebenswelt und den Verstehenshorizont der Kinder aufzunehmen und Antworten zu geben, die sowohl theologisch richtig als auch lebenstauglich sind.

Zugleich regt es gezielt zu weiteren Fragen an und ermutigt, eigene,

vielleicht sogar ganz andere Antworten zu entdecken. Es wird sichtbar, dass es in Glaubensdingen kein »So ist das« oder gar ein »So musst du das glauben« gibt, sondern unterschiedliche Herangehensweisen an Lebensfragen.

Die Fragen der Kinder betreffen verschiedene Themen. Sie haben gemeinsam, dass es um Dinge aus unserem Leben und um Fragen geht, die unsere Beziehung zu Gott angehen. In manchen Antworten finden sich deshalb inhaltliche Überschneidungen. Vieles ist miteinander verbunden, und manche theologische Erklärung hilft bei unterschiedlichen Fragen weiter. Die Fragen und Antworten können in beliebiger Reihenfolge gelesen werden. Daher tauchen einige Erklärungen in mehreren Antworten auf.

Manchmal haben Kinder hilfreichere Antworten als Erwachsene. Da ist es gut, mit einer Gegenfrage deutlich zu machen, dass Kinder ihren theologischen Entdeckungen trauen dürfen und gültige Antworten für sich entwickeln können: »Wie stellst du dir das denn vor?« So wird erlebbar, wie Große von den Kleinen lernen können. Und auf diese Weise wird »Theologisieren« mit Kindern möglich: gemeinsames Nachdenken über Gott, über uns, über den Glauben und die Welt.

Eine Frage- und Antwortkultur kann sich entwickeln, in der Familien und Kindertagesstätten gemeinsam den christlichen Glauben weiter entdecken und sich kritisch und weltoffen, neugierig und kreativ einlassen auf einen Prozess des Miteinanders in Bezug auf die Dinge, die das Leben – und auch das Sterben – ausmachen.

Maike Lauther-Pohl ist Pastorin und Theologische Referentin für Religions-pädagogik beim Verband Evangelischer Kindertageseinrichtungen in Schleswig-Holstein e.V. (VEK).

Wie Gott wohl so ist?

Wie sieht Gott eigentlich aus?

Wir möchten vieles über Gott wissen, zum Beispiel, wie Gott aussieht. Niemand kann es genau sagen, weil Gott ganz anders ist als wir Menschen. Gott ist ganz anders, als wir uns überhaupt vorstellen können.

Aber es ist viel einfacher, an jemanden zu denken, wenn wir uns überlegen, wie er oder sie aussieht. Deshalb sprechen wir in Bildern über Gott, so als ob wir wüssten, wie er oder sie aussieht.

Wenn jemand sagt: »Gott ist mein Hirte«, dann heißt das nicht, dass Gott tatsächlich mit einem Hirtenstab über das Gras geht und auf weiße und schwarze Schafe aufpasst. Sondern es bedeutet: Gott ist so ähnlich wie ein Hirte. So wie ein Hirte sich um seine Schafe kümmert (er passt auf sie auf, er hat sie lieb, er sorgt dafür, dass sie etwas zu essen haben), so kümmert sich Gott um uns Menschen.

In der Bibel stehen ganz viele Geschichten, in denen Gott mit Dingen und Menschen verglichen wird, die wir kennen: Gott ist wie das Licht, wie ein Vater, wie eine Mutter, wie ein Herr, ein König, eine Hebamme, ein Adler und vieles andere mehr.

Es macht Spaß, in einer Kinderbibel danach zu suchen, mit welchen Beschreibungen wir Menschen versuchen, Gott besser zu verstehen.

Übrigens, an einer Stelle in der Bibel wird uns Menschen ja gesagt: Du sollst dir kein Bild von Gott machen. Das bedeutet: Mach dir nicht zu genaue Vorstellungen von Gott. Du weißt nie genau, wie Gott ist, dafür ist er oder sie eben Gott. Und vor allem: Bete nicht eine Abbildung von Gott an, sondern bete zu Gott selbst.

Gott, fühlst du dich wohl im Himmel?

Gefühle gehören ja zu Menschen. Ob Gott überhaupt Gefühle hat? Was meinst du? Was wir über Gott wissen, ist: Gott ist kein Mensch, sondern ganz anders als wir Menschen. Gott kann zum Beispiel überall sein. Und: Gott kann alles. Vielleicht kann Gott sich dann auch wohlfühlen?

Ich glaube, wenn deine Vermutung stimmt und Gott Gefühle hat, dann freut Gott sich über deine Frage. Weil du dich für ihn interessierst. Und weil du möchtest, dass es Gott gut geht.

Jesus hat den Menschen viel von Gott erzählt. Er hat gesagt, dass Gott nicht nur im Himmel ist, sondern immer da, wo wir Menschen sind: hier auf der Erde mitten bei uns. Deshalb können wir auch fragen: Gott, fühlst du dich wohl auf der Erde?

Isst der liebe Gott auch gerne Schokolade?

Fast alle Menschen essen gerne Schokolade. Aber Gott ist kein Mensch. Ob Gott überhaupt etwas isst? Ich weiß es nicht. Was meinst du?

Aber ich höre aus deiner Frage auch noch etwas anderes heraus: Schokolade ist ja besonders lecker. Wenn wir Schokolade geschenkt bekommen und essen, genießen wir sie und merken, dass es uns gut geht! Jemand möchte uns etwas Gutes tun. Darüber freuen wir uns.

Ob Gott auch etwas genießt und sich freut? In der vorherigen Frage ging es schon einmal um Gefühle und Gott.

Wenn Gott etwas genießt – so, wie wir Schokolade genießen –, dann vielleicht das: dass wir

Menschen gut zueinander sind. Dass wir aufeinander achten, dass wir anderen etwas abgeben, dass wir anderen zu ihrem Recht verhelfen.

Vielleicht sind Menschen, die für Frieden eintreten, für Gott so schön wie für uns Schokolade essen.

Ist der liebe Gott ein Mensch?

Das ist eine sehr spannende Frage. Gott ist ganz anders als wir Menschen. Wie Gott ist, erfährst du in den Geschichten in der Bibel.

Gott will viel mit uns Menschen zu tun haben und bei uns sein. Deshalb ist Gott tatsächlich einmal Mensch geworden: Vor langer Zeit, etwa vor zweitausend Jahren, ist Gott als Mensch auf die Welt gekommen – in Jesus, den die Menschen dann Christus genannt haben. Du kennst bestimmt die Weihnachtsgeschichte, die im Lukasevangelium davon erzählt. Jesus war Gott und Mensch zugleich. Das klingt geheimnisvoll. Auf diese Weise ist Gott ganz dicht bei uns Menschen. Gott wollte selbst auf die Erde kommen und für die Menschen sichtbar werden. Und zwar in einem Baby. Deshalb sind Gott Kinder besonders wichtig. (Lass dir doch mal die Geschichte vorlesen, in der Jesus die Kinder segnet: Markusevangelium 10,3-16)

In einer Geschichte in der Bibel sagt Jesus einmal, dass wir immer dann, wenn wir einem Menschen etwas Gutes tun, damit auch Gott etwas Gutes tun (Matthäusevangelium 25). Das können wir so verstehen, dass in jedem Menschen ein bisschen von Gott steckt. Was meinst du?

Hat Gott einen weißen Bart?

Nirgendwo steht, dass Gott einen weißen Bart hat. Es ist lustig, dass sich viele Kinder und auch Erwachsene Gott aber genau so vorstellen. Woher das wohl kommt?

Weil dir niemand sagen kann, wie Gott aussieht, kannst du dir deine eigenen Gedanken dazu machen. Wie stellst du dir Gott vor? Kannst du dazu etwas malen?

Gott ist kein Mensch, sondern eben Gott. Gott ist keine Frau und kein Mann, aber Gott kann zu uns sein wie eine Mutter oder wie ein Vater, wie ein Hirte, der aufpasst, und wie eine Adlermutter, die ihre Jungen versorgt.

Als ich klein war, habe ich gedacht, dass Gott so aussieht wie der Hirte auf der blau-gelben Cremedose auf dem Wickeltisch meiner kleinen Schwester: blaues langes Gewand und langer Bart. Heute denke ich: Gott sieht gar nicht aus, sondern Gott ist wie die Luft, die überall ist. Ich kann sie nicht sehen, und trotzdem atme ich sie ein und lebe von ihr.

Hast du aus dem Flugzeug Gott gesehen?

Nein, das habe ich nicht. Weil ich nicht weiß, wie Gott aussieht, kann ich Gott nicht sehen – weder oben in der Luft noch hier auf der Erde.

Obwohl ich mir ganz sicher bin, dass Gott da ist, kann ich ihn oder sie nicht sehen. Hast du schon einmal Sonnenstrahlen auf deinem Arm gespürt, wenn die Sonne scheint? Sehen können wir die Strahlen der Sonne nicht, aber wir merken, wie schön warm es auf der Haut wird. So ähnlich stelle ich es mir mit Gott vor.

Wer hat Gott eigentlich geboren?

Es ist wirklich schwer, sich das vorzustellen – in der Bibel steht: Gott war immer da. Schon bevor es die Welt gab, gab es Gott. Deshalb wurde Gott auch nicht geboren, so wie Menschen und Tiere geboren werden.

Auf diese schlaue Frage kann man auch antworten: Gott will bei uns Menschen sein. Damit wir das merken, ist Gott vor langer Zeit auf die Welt gekommen: Gott ist in Jesus geboren worden.

Jesus war ein Mensch, und gleichzeitig war er Gott. Und weil davon in der Bibel erzählt wird, wissen wir: Maria hat Gott als Jesuskind geboren. Du kannst dir diese Erzählung in der Weihnachtsgeschichte im Lukasevangelium im zweiten Kapitel vorlesen lassen.

Es ist sogar so: Wir haben alle ein bisschen von Gott in uns. In der Bibel gibt es eine Geschichte dazu, in der es sich die Menschen so vorgestellt haben (1. Mose 2): Gott formt die Menschen aus Ton. Damit sie leben, haucht Gott ihnen Gottes Atem ein. Deshalb kann man auf deine Frage auch antworten: Mit jedem Baby, das auf die Welt kommt, wird Gott wieder neu geboren.

Woher wissen wir eigentlich, wie Gott ist?

Ich kann nicht sagen, wie Gott ist, sondern nur, wie Gott für mich ist. Menschen glauben unterschiedlich. Aber es gibt so etwas wie ein Geländer zum Festhalten beim Glauben: Geschichten von Menschen, die vor uns über Gott und die Welt lange nachgedacht haben und viel mit Gott erlebt haben. Diese Geschichten sind aufgeschrieben in einem großen Buch, das Bibel heißt. Es ist das berühmteste Buch der Welt. Eigentlich ist es eine Sammlung von ganz vielen Büchern. Darin finden sich sehr, sehr viele Geschichten über Gott und über uns Menschen.

Die Bibel hat nicht Gott aufgeschrieben. Und Gott hat auch nicht irgendeinem Menschen diktiert, was er oder sie schreiben soll. Die Menschen haben Gott erlebt und so, wie sie Gott verstanden haben, von ihm erzählt. Deshalb sind die Geschichten in der Bibel auch so verschieden. Trotzdem ist es wahr, was in der Bibel steht. Es ist nicht immer alles genau so passiert, vieles steht da, weil Menschen es sich so gedacht haben. Auch wenn es in Wirklichkeit anders war. Aber es ist wahr, weil in der Geschichte etwas steckt, das für alle Menschen von Bedeutung ist.

Ich versuche es dir mit einer Geschichte zu erklären: Es gab mal einen Mann, der erschlug seinen Bruder, weil er dachte: Gott hat meinen Bruder viel lieber als mich, das ertrage ich nicht. Gott – so sagt die Geschichte – fand es überhaupt nicht gut, dass der Mann, der Kain

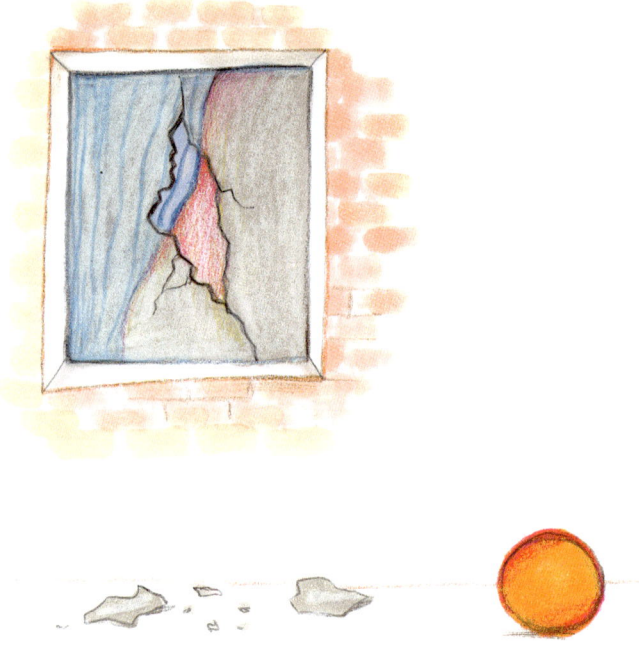

hieß, seinen Bruder Abel erschlagen hat. Aber trotzdem hatte Gott Kain genauso lieb wie vorher, obwohl er so etwas Schlimmes getan hat. Das hat Gott Kain dann gezeigt (1. Mose 4).

Ob diese Geschichte nun genau so passiert ist oder nicht, ist nicht das Wichtige an ihr. Wichtig ist, dass in der Geschichte sichtbar wird: So ist das mit Gott. Das gilt auch für dich: Wenn du etwas sehr Schlimmes machst, dann findet Gott das sicher nicht gut. Aber Gott hat auch dich, heute noch, viele, viele Jahre nach Kain und Abel, lieb – auch wenn du etwas tust, das nicht gut ist.

Deshalb helfen uns die Geschichten aus der Bibel, etwas über Gott zu erfahren. Und zu wissen, was und wie wir glauben können. Aber deinen Glauben kannst du nur selbst entdecken, nach und nach. Wir sind nie fertig mit dem eigenen Glauben an Gott. Es ist sehr spannend, dass der Glaube auch weiterwachsen kann, wenn man schon groß ist.

Ist Gott auch Allah?

Du hast vielleicht schon einmal bemerkt, dass nicht alle Menschen das Gleiche glauben. Menschen mit christlichem Glauben glauben zum Beispiel an Gott und Jesus, und muslimische Menschen glauben an Allah und lernen viel über Mohammed.

Die meisten Christen und Muslime sagen, dass Allah und Gott ein und derselbe Gott sind. Auch wenn Christen und Muslime unterschiedlich an Gott und Allah glauben. Gott spricht wie in verschiedenen »Sprachen« zu uns. Die einen können Gott so erleben, die anderen Allah anders. Wir können ruhig unterschiedlich glauben, es bleibt aber ein Gott.

Was kann Gott alles?

Macht Gott Regen und Schnee?

Wenn du das einen Menschen fragst, der sich mit dem Wetter aus-
kennt und der nicht an Gott glaubt, wird er oder sie dir vielleicht so
antworten: Regen und Schnee werden nicht von Gott gemacht. Sie
entstehen im Himmel. Regen fällt auf die Erde, wenn feuchte, warme
Luft in den Wolken auf kalte Luft trifft. Schnee entsteht, wenn die
feuchte, warme Luft auf eiskalte Luft trifft.

   Und trotzdem macht Gott Regen und Schnee, weil wir glauben, dass
Gott hinter allem steckt.

Weil Gott will, dass die Erde da ist, gibt es die Erde. Weil Gott will, dass Menschen da sind, gibt es Menschen. Weil Gott will, dass der Regen den Pflanzen Wasser gibt und wir Menschen ihn zum Leben brauchen, gibt es Regen. Und weil Gott will, dass wir Spaß im Schnee haben, gibt es Schnee. Christinnen und Christen finden, es geht beides: das, was die Forschung über die Natur entdeckt, ernst zu nehmen und gleichzeitig daran zu glauben, dass hinter allem Gott als Schöpfer steht.

Wie kam der erste Mensch auf die Welt?

Heute wissen wir, dass sich die Menschen über viele Millionen Jahre entwickelt haben. Dass also nicht irgendwann plötzlich der erste Mensch da war, sondern dass sich aus menschenähnlichen Lebewesen die Menschen langsam entwickelt haben.

Vor zweieinhalbtausend Jahren wusste man das noch nicht. Um trotzdem eine Antwort auf die Frage zu bekommen, wie der erste Mensch auf die Welt kam, haben sich die Leute damals eine Geschichte erzählt. Du findest sie ganz vorne in der Bibel. Sie erzählten: Nachdem Gott die Erde gemacht hat und das Licht und die Pflanzen und

die Tiere, wollte Gott, dass es noch mehr gibt auf der Welt. Deshalb schuf Gott den Menschen. Weil der Mensch mit Gott reden kann und Gott für die Menschen da sein will. »Es war sehr gut«, heißt es da.

Obwohl wir heute wissen, dass die Menschen sich aus ihren Vorfahren entwickelt haben, ist die Geschichte von der Schöpfung wunderbar. Weil sie davon erzählt, dass Gott uns Menschen auf der Erde haben will, dass wir von Gott geliebt sind und Gott möchte, dass es uns gut geht.

Wie macht der liebe Gott uns?

Diese Fragen stellen sich außer dir noch ganz viele andere Menschen. Vor langer Zeit haben es sich die Menschen so vorgestellt und in der Bibel aufgeschrieben (1. Mose 2): Gott ist wie ein Töpfer und formt die Menschen aus Lehm. Damit richtig Leben in die Menschen hineinkommt, bläst Gott ihnen dann Gottes Atem ein.

Es ist schön, sich vorzustellen: Gott atmet in uns.

Andere Menschen haben gedacht: Gott schafft die Menschen einfach, indem Gott sagt: Es soll Menschen geben. Die Schöpfungsgeschichte ganz am Anfang der Bibel, 1. Mose 1, erzählt davon.
Auch wenn wir nicht genau wissen, auf welche Weise es geschieht, können wir sicher sein: Wir sind von Gott geschaffen, auch du. Gott möchte, dass es uns gibt.

Hat Gott die Erde wirklich in sieben Tagen gemacht?

Dass Gott die Erde in sieben Tagen erschaffen hat – das haben die Menschen vor etwa zweieinhalbtausend Jahren gedacht, als sie diese Geschichte in der Bibel erzählt haben (1. Mose 1). Am ersten Tag: Licht und Finsternis, Nacht und Tag. Am zweiten Tag: den Himmel. Am dritten: trockene Erde und Meer, Gras, Kraut und Bäume mit Früchten. Am vierten Tag: Sonne, Mond und Sterne. Am fünften Tag: Tiere im Wasser und Tiere in der Luft. Und am sechsten Tag: Tiere auf der Erde, auch Würmer, Tiere des Feldes. Und Menschen, nach dem Bilde Gottes, die auf alles gut aufpassen sollen. Und Gott sah alles an, und es war gut so. Und am siebten Tag ruhte Gott aus.

Heute wissen wir: Die Erde ist nach und nach entstanden, das hat sehr viel länger gedauert als sieben Tage. Trotzdem stimmt die Geschichte von der Schöpfung in sieben Tagen. Sie will nämlich sagen: Dass die Erde sich nach und nach entwickelt hat, haben wir Gott zu verdanken. Gott will, dass alles gut ist auf der Erde. Wir Menschen sollen uns um die Tiere und Pflanzen kümmern und sorgfältig mit ihnen umgehen. Weil wir alle Geschöpfe Gottes sind, sollen wir freundlich zu anderen Menschen sein. Und: Das Leben besteht nicht nur aus Arbeit und Pflichten; am siebten Tag in der Woche sollen wir – wie Gott – Pause machen und etwas tun, was uns und der Erde guttut.

Wie ist das mit dem Tod?

Mama, kannst du dem lieben Gott erzählen, dass ich nie sterben will?

Deine Mama kann Gott darum bitten, dass du ein ganz, ganz langes Leben hast. Allerdings gehört zu jedem Leben dazu, dass es irgendwann auch einmal zu Ende sein wird. Jedenfalls das Leben auf der Erde. Bei Gott leben wir auch nach dem Tod weiter, aber ganz anders als hier auf der Welt.

Jeder Mensch wird eines Tages sterben. Aber wir können Gott darum bitten, dass das noch lange, lange nicht sein wird. Das bedeutet übrigens der Segen, den manche Eltern ihren Kindern geben oder den du im Gottesdienst bekommst. Segen meint: Gott sagt: »Alles Gute für dich. Und ein langes Leben!«

Ein Kind traf einmal eine Frau…

… die keine Arme mehr hatte, vielleicht deshalb, weil sie bei einer Operation entfernt werden mussten. Als das Kind die Frau ansah, wollte es wissen: »Sind die Arme im Himmel?«

Als Antwort auf diese Frage erzähle ich dir eine Geschichte: Ich kenne eine Frau, die hat nur ein gesundes Auge. Mit dem anderen Auge kann sie nicht sehen. Als ich mit ihr einmal darüber sprach, wie es denn wohl sein wird, wenn wir gestorben sind, sagte sie: »Ich bin mir ganz sicher: Wenn ich bei Gott bin, habe ich wieder zwei sehende Augen. Und darauf freue ich mich schon!«

Ob das eine Auge jetzt bereits im Himmel ist und auf sie wartet oder ob sie dann ein ganz neues Auge bekommt, das ist ihr nicht wichtig. Wichtig ist, dass sie weiß: Bei Gott ist sie ganz heil. Und wichtig ist auch, dass sie sich jetzt schon darauf freut und fest daran glaubt. Das hilft ihr dabei, wenn sie traurig darüber ist, dass sie hier in diesem Leben mit einem Auge auskommen muss.

Warum werden wir beerdigt, wenn wir tot sind? Und wie kommen wir denn dann zu Gott?

Mit der Beerdigung ist das so: Wenn wir sterben, brauchen wir unseren Körper nicht mehr. Der Körper wird nur für das Leben auf der Erde benötigt, damit wir hier atmen und herumgehen können, damit wir essen und uns unterhalten und Mama und Papa anfassen und ein Tier streicheln und ein Wettrennen machen können. Wenn wir gestorben sind, hören wir auf zu atmen und zu essen und zu rennen, deshalb brauchen wir den Körper dann nicht mehr.

Aber jeder Körper ist ja etwas Wunderbares und deshalb wichtig. Nach dem Tod wird gut mit ihm umgegangen: Die meisten Menschen wünschen sich, dass der Körper nach dem Tod in ein Grab in die Erde kommt. Dort vergeht er dann nach und nach und wird wieder zu Erde.

Für die Familie kann so ein Grab wichtig sein. Zu dem Grab kann man hingehen und es mit Blumen und einem Grabstein, mit Kerzen und Bildern verschönern.

Wie wir zu Gott kommen, willst du wissen? Ich verlasse mich darauf, dass Gott ganz sicher dafür sorgt, dass nach dem Tod alle Menschen bei ihm sind. Ich stelle mir vor, dass ich dann wie in eine große Hand gekuschelt von Gott getragen werde. Und was stellst du dir vor?

Was gibt es im Himmel zu essen?

So wirklich weiß das niemand, weil wir den Himmel erst richtig kennenlernen, wenn wir selbst gestorben sind.

Ich würde sagen: Im Himmel brauchen wir nichts zu essen. Dort ist alles sowieso gut und schön. Wir kommen dort ohne unseren Körper aus, also auch ohne Essen und Trinken.

Allerdings: Wenn im Himmel bei Gott alles wunderbar ist, dann gehört da vielleicht auch etwas Leckeres zum Essen dazu? Vielleicht ist der Himmel ja doch voll von Erdbeereis? Was meinst du? Weil wir es nicht genau sagen können, kann sich jeder Mensch seine eigenen Gedanken über den Himmel machen.

Übrigens ist mit Himmel ja nicht nur der Wolkenbereich über unseren Köpfen gemeint. Sondern der Himmel ist da, wo Gott ist, und Gott kann überall sein. Deshalb kann es auch auf der Erde »himmlisch« sein.

Wann kommt meine liebe Oma denn wieder runter? Ich möchte sie anfassen.

Du bist traurig, weil deine Oma gestorben ist, und hast Sehnsucht nach ihr.

Es tut sehr weh, Abschied zu nehmen. Und es dauert sehr lange. Deshalb ist es gut, dass du nach deiner Oma fragst. Es kann dir helfen, wenn du mit anderen Menschen redest und ihnen von deiner Traurigkeit erzählst.

Gott hat uns versprochen, dass die Menschen zu ihm kommen, wenn sie gestorben sind. Sie haben dann ein neues Zuhause: Sie wohnen bei Gott. Wie es genau bei Gott ist, wissen wir Menschen hier auf der Erde noch nicht. Aber Gott sagt: Es ist schön und gut. Ich stelle mir vor, dass es sich warm anfühlt und frei und sehr glücklich. Vielleicht so, wie du dich fühlst, wenn es dir supergut geht. Oder sogar noch schöner.

Wenn deine Oma gestorben ist, kommt sie nicht mehr wieder. Manchmal sagen Erwachsene: Jemand ist »eingeschlafen«. Dann könnte man denken, der Mensch wacht irgendwann wieder auf. So ist es mit dem Tod aber nicht. Wenn Menschen sterben, kommen sie nicht wieder. Und trotzdem leben sie weiter, aber anders als bisher. Nicht mehr auf der Erde bei uns, sondern bei Gott. Deine Oma auch. Wir behalten etwas von den gestorbenen Menschen in uns drin, im Herzen und in den Gedanken. Wenn du dich an deine Oma erinnerst, wenn du anderen von ihr erzählst oder dir Geschichten von ihr erzählen lässt, wenn du eine Kerze anzündest und an sie denkst und wenn du Bilder malst, dann ist etwas von deiner Oma in dir lebendig. Das kannst du nicht anfassen, aber innen drin fühlen.

Kommen Fische auch in den Himmel?

In der Bibel steht, dass Gott nicht nur die Menschen, sondern alle Geschöpfe lieb hat und für sie sorgt (1. Mose 1; Psalm 36 u. a.). Ob das bedeutet, dass auch bei den Tieren mit dem Tod nicht alles vorbei ist, sondern dass sie ein Leben bei Gott haben? Was meinst du?

Warum rettet Gott die Menschen nicht vor dem Tod?

Das wäre schön, wenn niemand sterben müsste. Das wünschen wir uns wohl alle. Aber wie wäre es dann auf der Erde, wenn immer alle Menschen dablieben? Kannst du dir das vorstellen?

Warum Gott das Leben und den Tod geschaffen hat, das weiß nur Gott. Wir können aber sehen, dass überall in der Natur zum Leben auch das Sterben dazugehört: Im Herbst verlieren die Bäume ihre Blätter, im Winter sind sie kahl. Alte Pflanzen vergehen. Alle Tiere sterben irgendwann, und wir Menschen auch.

Und wir wissen noch etwas: Mit dem Tod hört nur das Leben auf der Erde auf, wie wir es kennen. Aber es gibt ein neues Leben: ein Leben bei Gott. Wie es genau bei Gott ist, wissen wir erst später, wenn wir selbst gestorben sind. Aber wir können daran glauben, dass Gott es sehr gut mit uns meint. Das Leben bei Gott – das ewige Leben – ist schön. Vielleicht hält Gott uns dann in den Armen, was meinst du?

Warum können meine Eltern nicht ewig leben?

Es ist gut zu verstehen, dass du dir das wünschst.

Und dabei gehört doch zu uns Menschen dazu, dass wir alle nicht ewig leben, sondern irgendwann sterben müssen. Dazu will ich dir eine Geschichte erzählen:

Zwei Kinder sitzen auf einem Baum. Das eine Kind sagt: »Ich möchte, dass meine Eltern ewig leben.«

»Warum?«, fragt das andere Kind.

Das erste Kind antwortet: »Damit sie immer bei mir sind!«

»Warum sollen sie immer bei dir sein?«, fragt das andere Kind.

»Damit ich nicht alleine bin.«

»Das verstehe ich«, antwortet das zweite Kind. »Aber später, wenn du groß bist und deine Eltern schon sehr alt sind, dann sind sie nicht mehr so fit. Und noch viel später werden sie vielleicht schwach und dann krank. Und wenn sie ganz alt und ganz krank werden, dann tut ihnen Gott vielleicht sogar einen Gefallen, wenn sie nicht ewig leben! Jedenfalls nicht auf der Erde ewig. Bei Gott dann schon ewig.«

Das erste Kind denkt nach und sagt: »Ja, schon. Bei Gott leben ist auch gut. Aber dann sind sie ja nicht mehr bei mir.«

»Nicht mehr in deinem Haus, aber in deinem Herzen und in deinem Kopf.«

»Stimmt!«, sagt das Kind und lächelt.

Warum kann Opa nicht auferstehen?

Ich glaube: Dein Opa ist auferstanden. Er lebt bei Gott, allerdings nicht hier, bei uns auf der Erde. Deshalb kannst du ihn auch nicht treffen.

Nur Jesus war nach seiner Auferstehung richtig zu sehen. Allerdings ist er seinen Freundinnen und Freunden nur zwischen Ostern und Himmelfahrt begegnet, vierzig Tage lang. Seitdem ist Jesus bei Gott, wie dein Opa auch.

Mit dem Auferstehen ist es vielleicht ein bisschen so wie mit einem alten und einem neuen Kleidungsstück: Wenn du einen alten Pullover voller Löcher hast, der dir zu klein ist, brauchst du ihn nicht mehr. Du bekommst dann einen neuen, anderen, der dir passt und der schön ist. Auferstehen ist wie das alte Kleidungsstück ablegen und ein neues, schönes von Gott erhalten.

Du könntest ja mal deinen Opa malen, wie du ihn dir jetzt bei Gott vorstellst!

Warum hat Gott mich nicht lieb, oder warum musste mein Papa sterben?

Ich bin mir ganz sicher: Dass dein Papa sterben musste, bedeutet nicht, dass Gott dich nicht lieb hat! Ich glaube sogar, dass Gott gerade deshalb jetzt ganz dicht bei dir ist, weil du so viel Trauriges erlebst. Niemand kann sagen, warum dein Papa sterben musste. Das weiß nur Gott, und vielleicht findet Gott es auch gar nicht gut und ist mit dir zusammen traurig? Du kannst Gott sagen, wie traurig und gemein du das findest, da hört Gott genau zu. Frag doch Gott mal, was Gott dazu tun kann, dass du Trost findest.

Warum lässt Gott Böses auf der Welt zu?

Warum macht Gott behinderte Kinder?

Auch wenn wir nicht wissen, warum Kinder mit Behinderungen auf die Welt kommen, können wir uns sicher sein: Gott hat sie genauso lieb wie alle anderen Kinder.

Jesus hat sich besonders um Menschen gekümmert, denen es nicht so gut ging wie anderen. Dies hat ihnen gezeigt, dass Gott gerade auf ihrer Seite ist. Sie sind genauso wertvoll und würdevoll wie alle anderen Menschen auch. In der Bibel kannst du dazu zum Beispiel die Geschichte von Bartimäus lesen (Markusevangelium 10,46-52). Übrigens sind manche Kinder mit Behinderungen mindestens genauso glücklich wie Kinder ohne Behinderungen.

Bei Jesus konnten die Menschen lernen, dass bei Gott nichts unmöglich ist. Das nennt man Hoffnung. Und hoffen können wir auch, wenn wir nicht verstehen, warum etwas so ist, wie es ist.

Warum verhungern Kinder?

Diese Frage müssen wir eher den Menschen stellen als Gott. Gott möchte sicherlich überhaupt nicht, dass Kinder sterben. Jedes Kind wird von Gott geliebt und soll eigentlich alles Gute zum Leben haben: zu essen, ein Zuhause, sauberes Wasser, es soll zur Schule gehen können und geliebt werden.

Aber in unserer Welt geht es nicht gerecht zu, weil viele Menschen, denen es besser geht, wollen, dass das so bleibt – auch wenn es anderen dafür schlechter geht; weil einige Menschen sehr viel Geld haben und andere sehr wenig; und weil die Reichen mehr in der Welt entscheiden als die Armen.

Wenn es nach Gott ginge – da bin ich mir sicher –, sollten wir alle schnell dafür sorgen, dass keine Menschen mehr verhungern müssen. Denn so groß die Welt auch ist: Es hat auch mit uns zu tun, wenn es nicht gerecht zugeht in der Welt.

Frag doch mal deine Eltern, was ihr dafür tun könntet, dass es in der Welt gerechter zugeht und dass es mehr Kindern besser geht.

Warum gibt es Krieg?

In der Bibel gibt es Geschichten von Kriegen, wo Gottes Volk gegen andere kämpft und Gott dafür sorgt, dass sie gewinnen. Ich glaube, auf diese Weise können wir heute gar nicht mehr an Gott glauben. Heute glauben wir: Gott will keine Kriege. Weil Kriege die Menschen töten und traurig machen und weil Gott doch will, dass alle Menschen gut leben können. Gott ist immer bei den Menschen, denen es schlecht geht, auch im Krieg.

Aber warum gibt es denn Krieg? Menschen fangen Kriege an. Weil sie nicht wissen, wie sie sonst einen Streit austragen sollen. Oder weil sie ihre Macht zeigen wollen. Oder weil sie Angst haben vor anderen Völkern. Oder weil sie reich bleiben wollen und es ihnen weiterhin besser gehen soll als anderen. Manchmal auch, weil sie verhindern wollen, dass andere Menschen unterdrückt werden. Christinnen und Christen glauben aber: Krieg darf nach Gottes Willen nicht sein.

Deshalb ist es gut, dass du diese Frage stellst. Je mehr Menschen das fragen, desto größer wird die Chance, dass irgendwann überall auf der Welt Frieden ist.

In der Bibel wird davon erzählt, dass eines Tages alle Menschen friedlich miteinander leben werden (zum Beispiel Jesaja, Kapitel 11). Dass dann alles gut wird und es nichts Böses mehr gibt in der Welt, das wird dann »Reich Gottes« genannt. Auch wenn dieses Reich Gottes manchmal sehr weit weg erscheint: Die Bibel verspricht, dass Gott es uns eines Tages schenken wird. Darauf zu vertrauen tut gut. Damit es kommt, kann jeder Mensch ein bisschen dafür sorgen, dass so wenig Krieg und so viel Frieden wie möglich ist.

Warum gibt es Schmerzen?

Schmerzen können schrecklich sein. Dabei sind sie eigentlich wichtig. Schmerzen sagen uns, dass etwas in unserem Körper nicht in Ordnung ist. Würden wir keine Schmerzen haben, würden wir weitermachen wie bisher. Ein gebrochener Arm zum Beispiel könnte dann niemals heilen, weil wir den Arm immer weiter benutzen würden, so als sei er gesund. Erst die Schmerzen bringen uns dazu, ihn zu schonen.

Auch im Gehirn weisen die Schmerzen darauf hin: Achtung! Hier am Arm, da ist etwas los, da muss jetzt gerade alle Aufmerksamkeit des Körpers hingeschickt werden, damit dort schnell Heilung einsetzen kann. Also sind Schmerzen eigentlich etwas Gutes, so etwas wie ein gefühltes »Achtung!«-Schild.

Wie funktioniert Glaube?

Wo wohnt das Christkind?

Manche Fragen können Kinder viel besser beantworten als Erwachsene, zum Beispiel die Frage, wo das Christkind wohnt.

Das Christkind gehört zu den Geheimnissen, die das Weihnachtsfest für uns so schön machen. Jesus kommt als Kind auf die Welt. Und mit Jesus kommt Gott in die Welt. Das ist ein großes Geheimnis zu Weihnachten. Jedes Jahr Weihnachten feiern wir dies aufs Neue.

Ist Jesus denn nun das Christkind? Meine Tochter hat mal, als sie fünf Jahre alt war, gesagt: »Das Christkind ist die Seele von Jesus.« Wenn das stimmt, dann würde das Christkind überall da wohnen, wo Jesus ist. Und wir glauben, dass Jesus – so wie Gott – überall da ist, wo wir Menschen sind.

Oder hast du selbst eine ganz andere Idee, wo das Christkind wohnt?

Was ist eine Seele?

Jeder Mensch hat mehr als nur seinen Körper. Er hat auch noch etwas
»innen drin«. Das kann man fühlen und spüren, auch ohne es zu sehen. Das »Innendrin« nennen wir: die Seele. Dein Lachen und deine
Fröhlichkeit haben mit deiner Seele zu tun, deine Traurigkeit und deine Wut ebenso. Das, was dich besonders und einmalig macht, gehört
zu deiner Seele.

   Wenn du an Gott denkst und zu ihm betest, dann macht das vielleicht deine Seele. Ein Kind hat einmal gesagt: »Die Seele ist der Park-
platz für Gott.«

Was bedeutet »Heiliger Geist«?

Mit dem »Heiligen Geist« versuchen Menschen zu beschreiben, wie sie Gott verstehen können. Gott ist nah bei uns, auch in uns drin, aber nicht sichtbar und nicht anzufassen. Eben so, wie wir uns einen Geist vorstellen. (Obwohl es ja keine Gespenster gibt.) Und »heilig« meint: sehr wichtig für uns, etwas Besonderes.

Weil Gott so groß und anders ist als die Menschen, wollten sie schon vor langer Zeit Gott besser verstehen. Dafür haben sie drei Namen für Gott gefunden, die zusammen beschreiben, wie Gott ist.

Erstens: Gott ist wie ein Vater oder wie eine Mutter, Gott hat uns lieb, ist für uns da und beschützt uns.

Zweitens: Gott ist mitten unter uns, deshalb kam Jesus zu uns auf die Welt. Gott ist also zugleich der Sohn Jesus. Das bedeutet: Gott ist da, wo du bist, und begegnet dir auch in jedem Menschen, den du triffst.

Drittens: Gott ist in uns drin, in unseren Gedanken, ist uns ganz nah, auch wenn wir es nur spüren und nicht ganz genau wissen können. Wir sind sozusagen »begeistert« von Gott und dem Leben. Das meint »Heiliger Geist«.

Die meisten Gottesdienste beginnen damit, dass uns gesagt wird: Es ist schön, dass wir etwas mit Gott zu tun haben wollen und dass Gott nah bei uns ist. Dann sagt der Pastor oder die Pastorin: »Im Namen des Vaters und des Sohnes und des Heiligen Geistes. Amen.«

In der Bibel (Apostelgeschichte 2) kannst du nachlesen, wie die Menschen es sich damals gedacht haben: Der Heilige Geist kommt zu uns.

Wie hat der liebe Gott mich lieb?

Du möchtest wissen, wie du merkst, dass du von Gott geliebt wirst? Die Frage möchten auch viele Erwachsene beantwortet haben. Lass uns mal gemeinsam überlegen, wie du Gottes Liebe fühlen kannst. Vielleicht spürst du sie, wenn es dir richtig gut geht und du dich freust, dass du ein Zuhause hast und Freundinnen oder Freunde? Vielleicht, wenn du ganz hoch schaukelst und immer am höchsten Schaukelpunkt ein Kribbeln im Bauch bekommst und so richtig begeistert bist?

Vielleicht spürst du, dass Gott dich lieb hat, wenn du mal ganz traurig bist und dann jemand kommt und dich in den Arm nimmt und bei dir ist?

Ich glaube, dass Gottes Liebe oft durch andere Menschen zu uns kommt. Manchmal geht es uns nicht gut, obwohl Gott uns liebt. Manche Menschen sagen: Als es mir ganz schlecht ging, habe ich trotzdem Kraft gehabt, das alles zu überstehen. Dass ich diese Kraft hatte, hat mir gezeigt, dass Gott mich lieb hat und bei mir ist.

Wahrscheinlich kannst du am besten selbst entdecken, wie du Gottes Liebe spürst. Dazu musst du nur aufmerksam hinfühlen. Dann kannst du immer wieder neu herausfinden, wie das ist, dass Gott jeden Menschen liebt und zu ihm hält.

Hat Gott auch böse Menschen lieb?

Das können wir uns schwer vorstellen, aber ganz viele Geschichten in der Bibel erzählen davon: Alle Menschen sind Gottes Kinder, und alle hat Gott lieb. Sicher findet Gott nicht alles gut, was Menschen machen, aber er findet trotzdem die Menschen selbst gut.

Vielleicht ist es so ähnlich, wenn du mal richtig ärgerlich auf deine Mutter oder auf deinen Vater bist, weil du sie ungerecht findest. Und trotzdem weißt du, dass du sie eigentlich lieb hast, auch wenn sie nicht alles richtig machen.

Eine Geschichte in der Bibel handelt von einem Mann, der Kain heißt (1. Mose 4). Kain ist eifersüchtig; er glaubt, dass Gott seinen Bruder Abel mehr liebt als ihn selbst. Voll Wut bringt Kain Abel um. Das findet Gott überhaupt nicht gut. Aber trotzdem hat Gott Kain lieb. Kain muss zwar zur Strafe ohne Zuhause umherziehen, aber Gott passt auf ihn auf, damit ihm nichts passiert.

Woher weiß man, dass Adam und Eva Adam und Eva hießen?

Die ersten Menschen hießen vermutlich gar nicht Adam und Eva. Denn heute wissen wir, dass sich die Menschen nach und nach entwickelt haben. Sie waren nicht plötzlich da.

Wichtig ist bei den biblischen Geschichten, was in ihnen enthalten ist. Mit Adam und Eva ist es so:

Menschen haben sich früher mit Geschichten Antworten auf ihre Fragen gegeben. Zum Beispiel auf die Fragen: Wo kommen wir Menschen eigentlich her, und wie war das am Anfang?

Die Geschichte von Adam und Eva ist so eine Antwort-Geschichte. Sie steht als zweite Geschichte in der Bibel. Gott will, dass es uns Menschen gibt. Wir sind kein Zufall oder einfach nur so entstanden. Gott mag jeden Menschen gerne und kennt alle.

Deshalb haben die beiden Menschen in der Geschichte vom Anfang der Welt auch Namen: Wir Menschen sind nicht »irgendwer« für Gott, sondern er kennt uns alle.

Adam heißt übersetzt »Erdling«, und Eva heißt »Leben«. Daran kann man sehen, dass wir mit der Erde verbunden sind und dass das Leben schön ist.

Wie war das mit Jesus?

Wieso ist Jesus im Stall auf die Welt gekommen?

Jesus ist ja Gottes Sohn, und zugleich ist in Jesus Gott selbst auf die Welt gekommen. Davon singen wir in den Weihnachtsliedern. Als Maria und Josef unterwegs waren, fanden sie keine andere Übernachtungsmöglichkeit als einen Stall.

Wir glauben: Gott ist mit Absicht in einem Stall zu den Menschen gekommen und nicht in einem Palast oder in einem weichen Bett. Weil Gott da sein will, wo die Menschen sind. Und besonders bei den Menschen, denen es nicht so gut geht, die nicht in einem Schloss leben und reich sind, sondern arm oder krank.

Aus der Weihnachtsgeschichte (Lukasevangelium, 2. Kapitel) wissen wir: Gott ist mitten dabei, egal wer wir sind und wo wir sind.

Das ist ein tolles Versprechen von Gott.

Warum heißt Jesus eigentlich Jesus?

Jesus ist das Kind von Maria. Josef war der Mann von Maria. Sie haben ihrem ersten Sohn den Namen »Jesus« gegeben. »Jesus« bedeutet: »Gott ist Hilfe«. In der Bibel steht (Lukasevangelium, 1. Kapitel): Ein Engel hat Maria gesagt, dass sie ihr Kind so nennen soll. Denn Jesus wird Gottes Sohn sein.

Hatte Jesus zwei Papas?

Ja, irgendwie schon. Jesus ist der Sohn von Gott. Damit hat Jesus einen göttlichen Vater. Und in der Weihnachtsgeschichte kannst du lesen: Josef war der Mann von Maria und damit auch der menschliche Papa von Jesus.

Das gilt auch für uns, für dich, für mich, für deine Eltern: Wir sind auch Kinder Gottes und Kinder unserer Eltern. Deshalb können wir auch zu Gott »Vater« sagen, und auch »Mutter«, weil Gott wie ein Vater und wie eine Mutter zu uns ist. Also haben wir auch zwei Papas oder zwei Mamas.

Warum haben die bösen Menschen gesagt: »Jesus soll sterben«?

Auf diese Frage gibt es verschiedene Antworten.

Eine Antwort lautet: Jesus hat sich um alle Menschen gekümmert. Besonders um die Armen und Kranken. Um die, mit denen die meisten nichts zu tun haben wollten. Jesus wollte, dass es ihnen gut geht, weil für Gott alle Menschen wertvoll sind.

Das war für viele neu. Und einigen passte das gar nicht. Sie wollten, dass Jesus das nicht mehr verbreiten kann. Deshalb sollte Jesus getötet werden.

Außerdem waren die Menschen in Israel, wo Jesus lebte, damals nicht frei, sondern von einem anderen Volk, den Römern, beherrscht. Einige Menschen in Israel hatten Angst: Wenn Jesus dem Volk zeigte, wie es besser und frei leben könnte, dann würden die Römer vielleicht noch stärker gegen die Menschen in Israel kämpfen. Und am Ende ginge es allen womöglich noch schlechter als vorher. Deshalb fanden sie: Jesus muss weg.

Eine andere Erklärung ist: Jesus ist ja von Gott geschickt worden, damit er die Welt rettet. Und von diesem Retter für die Welt hat es schon lange, bevor Jesus da war, geheißen: Er wird es nicht leicht haben, und am Ende werden ihn die Menschen töten.

Das Besondere am Tod Jesu ist: Jesus ist nicht im Tod geblieben, sondern auferstanden. Damit wird uns gesagt: Mit dem Tod ist nicht alles aus, sondern etwas Neues fängt an – das Leben bei Gott. Die Geschichten vom Tod Jesu und seiner Auferstehung findest du in der Bibel, zum Beispiel im Markusevangelium, Kapitel 14 bis 16.

Was ist aus Jesus und den anderen geworden?

Nachdem Jesus gestorben war, haben seine Freundinnen und Freunde erfahren und miterlebt, dass Jesus auferstanden ist und damit den Tod besiegt hat. Immer wieder begegnete Jesus ihnen, damit sie es wirklich glauben konnten (Johannesevangelium, Kapitel 20 und 21). Nach vierzig Tagen verabschiedete Jesus sich von ihnen und ging dann ganz zu Gott (Apostelgeschichte, Kapitel 1).

Die Menschen damals meinten, Jesus sei in den Himmel gefahren. (Daran denken wir am Himmelfahrtsfest.) Erst waren sie ein bisschen einsam ohne Jesus. Aber Jesus hatte ihnen versprochen, dass er etwas schickt, das die Menschen tröstet. So kam zehn Tage später, am Pfingstfest (Apostelgeschichte, Kapitel 2), etwas von Gott zu den Menschen: Die Menschen nennen es den Heiligen Geist.

Durch den Heiligen Geist merkten die Menschen, dass Gott tatsächlich da ist, in ihnen, mitten bei ihnen. Das fanden sie so wundervoll, dass sie allen anderen Menschen davon erzählen wollten.

Die Freundinnen und Freunde von Jesus blieben zusammen, und es kamen immer mehr hinzu. So wurden es nach und nach sehr viele Menschen, die an Gott und Jesus glaubten. Und daraus wurde die Kirche. Jedes Jahr feiern wir das am Pfingstfest. Bis heute werden in der Kirche die Geschichten von Gott und Jesus weitererzählt.

Wieso kann Jesus auf einer Wolke in den Himmel fahren?

Das mit der Wolke ist schon merkwürdig. Vorstellen kann ich es mir nicht, weil ja eigentlich niemand auf einer Wolke schweben kann. Aber bei Gott ist manches anders, als wir es uns vorstellen können. Das ist das Spannende an den biblischen Geschichten: Man muss genau hinhören und entdecken, was sie eigentlich sagen wollen.

Die Geschichte über die Himmelfahrt ist ja eine besondere Geschichte (Apostelgeschichte 2): Du weißt vielleicht, dass Jesus gekreuzigt wurde und gestorben ist. Nach drei Tagen, am Ostersonntag, ist er von Gott auferweckt worden. Gott zeigt uns Menschen mit der Auferstehung Jesu, dass mit dem Tod nicht alles vorbei ist. Danach beginnt ein neues Leben bei Gott.

Damit die Menschen so etwas Schwieriges verstehen konnten, blieb Jesus noch einige Zeit auf der Erde. Immer mal wieder kam er zu seinen Freundinnen und Freunden. Er erzählte ihnen, dass es nach dem Tod ein Leben bei Gott gibt. Sie sollten allen Menschen davon erzählen.

Vierzig Tage nach Ostern trafen sich Jesu Freundinnen und Freunde noch einmal mit ihm. Sie gingen zu einem Berg. Jesus sagte, dass er jetzt endgültig zu Gott gehen würde und seine Freundinnen und Freunde ihn dann nicht mehr sehen würden. Aber spüren könnten sie ihn, in ihren Herzen und in ihren Köpfen. Dafür versprach Jesus, den Heiligen Geist zu schicken.

Nachdem Jesus das gesagt hatte – heißt es –, kam eine Wolke und nahm ihn mit in den Himmel. Jesus verschwand vor den Augen seiner Leute, aber sie wussten nicht, wie. (Daran denken wir am Himmelfahrtsfest.)

Die Wolke ist ein Bild dafür, dass bei Gott manches anders ist, als wir es uns vorstellen können. Manches müssen wir auch gar nicht verstehen, oder wir machen uns einfach unsere eigenen Gedanken dazu.

Wie läuft es in der Kirche?

Wenn ich mit Gott rede, antwortet er dann auch?

Manche Menschen – nicht alle, aber manche – sind sich sicher, dass sie von Gott eine Antwort bekommen haben. Wie Gott dir antwortet, kann dir keiner vorhersagen. Du kannst es aber selbst entdecken. Die Antwort kann ohne Worte sein, ganz leise oder in dir drin vielleicht. Es lohnt sich, ganz aufmerksam darauf zu achten.

Beim Beten können wir übrigens Gott alles erzählen, vor allem das, was uns besonders wichtig ist. Das ist ein gutes Gefühl. Gott weiß, was bei uns los ist und was wir dringend möchten. Viele Menschen sind dankbar, dass Gott ihnen genau ihre Wünsche erfüllt hat.

Warum hat die Pastorin ein schwarzes Kleid an und eine weiße Schleife?

Vor dem Gottesdienst zieht die Pastorin über ihre normale Kleidung eine Art schwarzes Kleid, das »Talar« heißt. Dazu gehört ein weißes »Beffchen«, zwei weiße Stoffstreifen am Kragen.

Beides zeigt, dass die Pastorin im Gottesdienst besondere Aufgaben hat: Sie erzählt von Gott. Sie betet zu Gott, auch für alle Menschen mit, die im Gottesdienst sind. Sie versucht, den Menschen dabei zu helfen, ihren Glauben an Gott weiter zu entdecken. Sie tauft Kinder, manchmal auch Erwachsene und Jugendliche. Sie traut Ehepaare. Sie beerdigt Menschen, die gestorben sind.

Der Talar macht dabei deutlich: Die Pastorin selbst ist nicht das Wichtigste dabei. Wichtig ist, dass die Menschen etwas mit Gott zu tun haben und Gott mit den Menschen. Die Pastorin oder der Pastor helfen nur dabei.

Warum sagt man nach dem Beten »Amen«?

»Amen« kommt aus der Sprache, in der die Bibel geschrieben wurde, dem Hebräischen. »Amen« bedeutet »So ist es« oder auch »gewiss«. Wir sagen es am Ende eines Gebetes, weil uns das, worum wir Gott bitten, wichtig ist. Es heißt so viel wie: »Lieber Gott, mach doch bitte, worum ich dich gebeten habe.«

Jesus, der ja Jude war, hat Amen gesagt, wenn er zu Gott gebetet hat, deshalb machen wir Christinnen und Christen – also die Menschen, die an Gott und Jesus glauben – es ebenso.

Warum schmeckt das, was es in der Kirche zu essen gibt, immer so pappig?

Du meinst die Oblate beim Abendmahl? Manchmal wird im Gottesdienst Abendmahl gefeiert: Wir erinnern uns damit an Jesus. So, wie Jesus mit seinen Freunden zusammen gegessen hat (das war Gründonnerstag, kurz vor Ostern; siehe Lukasevangelium, Kapitel 22), bevor er gekreuzigt wurde (an Karfreitag; siehe Lukasevangelium, Kapitel 23), essen wir zusammen – allerdings keine ganze Mahlzeit; nur ein kleines bisschen und ein Schluck Wein oder Saft.

Wir feiern, dass Jesus immer noch bei uns ist, weil er auferstanden ist. Wenn wir uns davon nicht nur erzählen, sondern auch etwas dazu essen und trinken, spüren wir das noch viel stärker. Jesus hat damals Brot geteilt. In manchen Gemeinden gibt es deshalb auch ein Stück Brot, in anderen etwas Ähnliches: Es heißt »Oblate« oder »Hostie«. Es besteht auch aus Mehl und Wasser – wie Brot –, es lässt sich aber länger aufbewahren und krümelt nicht so. Es würde nämlich Menschen stören, wenn etwas, das an Jesus erinnert, nachher als Krümel auf dem Fußboden liegen bleibt.

Das Abendmahl ist in der Kirche etwas besonders Schönes, weil wir »schmecken« können, dass Jesus da ist, dass Gott uns gut versorgt, dass Gemeinschaft etwas Schönes ist und dass Teilen und Abgeben zum Leben dazugehören.

Übrigens sind auch schon Kinder zum Abendmahl eingeladen.

Warum wird das Baby bei der Taufe nass gemacht?

Taufen kommt von »tauchen«. Die Taufe ist ein Fest, bei dem wir feiern, dass wir zu Gott gehören und Teil der Gemeinschaft der Christinnen und Christen werden. Jesus hat uns Menschen den Auftrag gegeben, zu taufen (Matthäusevangelium, Kapitel 28).

Meistens werden Babys getauft, manchmal auch Erwachsene.

Bei der Taufe bekommt der Täufling dreimal Wasser über die Stirn geträufelt. Das bedeutet: So wie Wasser Schmutz wegwäscht, so kann Gott das wegwischen, was uns von Gott trennt. Also zum Beispiel das, was wir falsch machen. Wir können Gott davon erzählen, wenn wir etwas tun, was wir selbst gar nicht gut finden. Gott kann uns verzeihen.

Die Taufe sagt also: Bei Gott können wir immer wieder neu anfangen, egal was vorher gewesen ist. Wir sind Kinder Gottes, und Gott hat uns unendlich lieb. In der Taufe feiern wir Gottes Liebe zu uns. Deshalb ist es ein sehr fröhliches Fest.

Einige Anregungen für das Gespräch mit Kindern

Kinder fragen, um die Welt zu verstehen und um sich zu entwickeln. Dabei brauchen Kinder unkomplizierte, authentische Antworten von uns Erwachsenen. Manchmal erscheinen uns allerdings die Fragen so groß und bedeutend, dass uns der Mut fehlt, eine tragfähige Antwort anzubieten. Oder wir erleben uns selbst im Glauben als unsicher und haben den Eindruck, unsere Antwort würde nicht »ausreichen«. Oder die Fragen berühren unverarbeitete Erlebnisse und Ängste in uns selbst – wie zum Beispiel Fragen nach dem Tod. Trotzdem: Kinder brauchen uns als persönliche Gesprächspartner. Einige Anregungen können das Gespräch mit Kindern erleichtern:

- Es ist gut, die Kinder auf der Suche nach Antworten zu begleiten, die für sie stimmig sind. Das heißt, Erwachsene versuchen, die Suchwege des Kindes mitzugehen, und trauen dem Kind zu, mit ihrer Hilfe eigenständige Antworten zu finden.

- Dazu ist es hilfreich, die Motivation des Kindes für die Frage zu erspüren oder zu erfragen: Warum stellt es die Frage? Was ist jetzt gerade für das Kind wichtig?

- Antworten können durch eine gemeinsame Suche entdeckt werden: »Wie stellst du dir das denn vor?«

- Zugleich brauchen Kinder Antwortenangebote, die persönlich sind und lebenstauglich. Sie brauchen uns als Bezugspersonen, denen sie sich anvertrauen können. Sie brauchen uns als Vorbilder, an denen sie selbst entscheiden können: Diese Aussage nehme ich an, jene nehme ich nicht an. Bei aller Unfertigkeit und Unsicherheit im eigenen Glauben brauchen Kinder vertraute Menschen, die von ihrem Glauben erzählen. Auch, wenn der eigene Glaube mit Zweifeln zu tun hat – wie jeder Glaube übrigens.

○ Glaube ist nie fertig, sondern entwickelt sich immer weiter. Dafür ist es wichtig, dass Antworten auf Kinderfragen nicht den Eindruck erwecken, damit sei alles gesagt. Sie dürfen gerne zu weiteren Fragen anregen. Es muss mit einem Mal nicht alles gesagt sein.

○ Nur eine Antwort, die auch für die Erwachsenen Gültigkeit hat, ist für Kinder geeignet. Was wir selbst nicht glauben, taugt auch für Kinder nichts.

○ Später, im realistischen Alter ab etwa zehn oder elf Jahren, werden viele Antworten von früher noch einmal überprüft. Stärkend und weiterführend sind dann Antworten, die nicht zurückgenommen werden müssen, sondern trotz neuer Wahrnehmung und Deutung der Welt Bestand haben können. (Nicht hilfreich: »Nach dem Tod sitzt jeder Mensch auf einer eigenen Wolke«; hilfreich: »Ich weiß auch nicht genau, wie es nach dem Tod ist, aber ich glaube, dass da alles gut ist und wir ganz dicht bei Gott sind, vielleicht getragen in Gottes Armen.« Die zweite Antwort macht neue, persönliche Deutungen möglich, die erste muss abgelegt werden, und es entsteht die Frage: »Was stimmt denn eigentlich von dem Rest noch, was ich über Gott und Jesus und die Bibel gehört habe?«)

○ Der christliche Glaube bringt es mit sich, dass es auf viele grundlegende Fragen keine abschließenden Antworten gibt. Deutlich wird das zum Beispiel an der häufig gestellten Frage »Wozu gibt es Leiden in der Welt?«. Eine einfache, immer gültige Antwort ist darauf nicht zu geben, aber doch Anhaltspunkte und christliche Hoffnungsaussagen, die individuell helfen können, mit der bleibenden Frage lebensstärkend umzugehen.

- Manche Antworten lassen etwas offen, oder neue Fragen entstehen, weil schon seit über zweitausend Jahren Menschen sich Gedanken über genau diese schlauen Kinderfragen machen. Manche Antworten muss man vielleicht mitnehmen und später, in drei Tagen oder in einigen Jahren, noch einmal bedenken.

- Anders als in manchen anderen Bereichen sind in Glaubensdingen nicht unbedingt die Großen die Experten und die Kleinen die Lernenden. Wir sind alle auf der Suche nach Antworten, die für uns persönlich Gültigkeit haben und uns helfen, das Leben zu verstehen und zu bewältigen. Manchmal geben die Kleinen den Großen Anregungen zum Verstehen.

- Die Atmosphäre, in der geantwortet wird, bestimmt mit, ob Kinder sich weiterhin trauen, zum Gespräch aufzufordern und Fragen zu stellen. Kinder brauchen eine Atmosphäre des Angenommenseins und des Vertrauens, in der es nicht um »richtig« und »falsch« geht. Gegenseitige Wertschätzung ist eine wichtige Voraussetzung.

- Wenn Kinder merken, dass Fragen eine unangenehme Stimmung auslösen oder versteckte Unsicherheit, werden sie aufhören zu fragen. Viel besser ist es, offen mit den eigenen Gefühlen umzugehen – sich selbst und den Kindern gegenüber. (»Die Frage macht mich unsicher oder traurig« oder Ähnliches.)

- Wichtiger als perfekt zu antworten, ist es, eine Atmosphäre zu gestalten, in der Kinder sich wohlfühlen und sich ernst genommen wissen.

○ Kinder halten es gut aus, von uns Großen zu hören: »Das weiß ich auch nicht.« Aber sie können wenig anfangen mit einer Antwort, die nicht ehrlich gemeint ist, sondern gegeben wird, um das Nicht-Wissen zu überspielen.

○ Ob wir von Gott als »er« oder »sie« reden wollen, hängt von der eigenen Haltung ab. In diesem Buch wird einem offenen Gottes-bild Rechnung getragen, in dem Gott nicht auf männliche oder weibliche Attribute festgelegt wird. Häufig wird auf Pronomen (»er« oder »sie«, »sein« oder »ihr«) verzichtet. Stattdessen wird der Name »Gott« wiederholt, was beim Lesen aufmerken lässt und zugleich Anregung gibt, das eigene Gottesbild weiter zu entdecken.

Geschichten aus der Bibel kindgerecht erzählt

Besondere Empfehlung
des Borromäusvereins

Sabine Rahn
Die Kinderbibel zum Vorlesen
Einband und farbige Illustrationen
von Britta Gotha
Ab 5 Jahren · 192 Seiten · ISBN 978-3-7707-2472-7

Die wichtigsten und bekanntesten Geschichten aus dem Alten und Neuen Testament. Hier erfahren Kinder, wie Gott die Welt erschaffen hat, warum es die Sintflut gab, warum Jona von einem Wal verschluckt wurde, und die Autorin erzählt ausführlich und anschaulich vom Leben Jesu. Diese Bibel entstand unter theologischer und religionspädagogischer Beratung.
Mit einem umfassenden Glossar.

Vorlesen
mit ellermann

Weitere Informationen unter:
www.ellermann.de